novum pro

Xaver T.

Endlich –
Aus der Welt eines Depressiven

novum pro

Bibliografische Information
der Deutschen Nationalbibliothek:

Die Deutsche Nationalbibliothek
verzeichnet diese Publikation in
der Deutschen Nationalbibliografie.
Detaillierte bibliografische Daten
sind im Internet über
http://www.d-nb.de abrufbar.

Alle Rechte der Verbreitung,
auch durch Film, Funk und Fernsehen,
fotomechanische Wiedergabe,
Tonträger, elektronische Datenträger
und auszugsweisen Nachdruck,
sind vorbehalten.

© 2020 novum Verlag

ISBN 978-3-99064-818-6
Lektorat: Dr. Annette Debold
Umschlagfoto:
Ocusfocus | Dreamstime.com
Umschlaggestaltung, Layout & Satz:
novum Verlag
Innenabbildungen: Janine Lee

Gedruckt in der Europäischen Union
auf umweltfreundlichem, chlor- und
säurefrei gebleichtem Papier.

www.novumverlag.com

*„Wir leben in einer gnadenlosen Gesellschaft,
die nur Sieger sehen möchte
und letzten Endes keine Schwächen duldet."*

Giovanni Maio,
Professor für Medizinethik, Universität Freiburg

1
Das Leben kann grausam sein

Ich leide an einer Krankheit, wie viele andere auch. Viele andere? Viele Tausend andere! Diese Krankheit hat mich so geprägt, dass ich mich entschieden habe, einige Zeilen darüber zu schreiben. Für mich selber. Und für alle anderen.

Im Jahr, in welchem meine Krankheit so richtig ausbrach, haben sich über 4000 Menschen in der Schweiz das Leben genommen. Wegen dieser Krankheit. Weil sie keinen anderen Ausweg mehr gesehen haben.

Der Gedanke, mich aus dem Leben zu verabschieden, hat mich nicht verschont. Davon werde ich erzählen.

Meine Geschichte habe ich leicht verändert. Denn ich will niemanden in Verruf bringen. Erfunden ist aber nichts – außer das Ende. Das Leben kann grausam sein.

2
Einer dieser Tage

Es ist kurz nach vier Uhr, als ich die Haustüre hinter mir ins Schloss ziehe. „Hallo?", frage ich in den Raum hinein. Keine Antwort. Vorsichtig trete ich in die Wohnung. Behutsam lasse ich den Mantel von meinen Schultern gleiten und hänge ihn über den Stuhl, der am Küchentisch steht. Die heutige Post liegt auf dem Tisch, rechtwinklig zur Tischkante. Ich kenne nur eine Person, die auch Kleinigkeiten so große Sorgfalt schenkt: meine Freundin.

Ich werfe einen Blick auf ein Foto, das neben einer geschmacklosen Vase steht. In der Vase stecken künstliche Blumen. Die Mutter meiner Freundin hatte sie uns geschenkt. Das Foto zeigt meine Freundin und mich an einem kalten Wintertag. Wir schmiegen uns eng aneinander. Mein Blick fällt zurück auf die gestapelte Post. Eine Ansichtskarte eines früheren Schulkollegen. Nach einem mäßig erfolgreichen Studium hat er eine Anstellung bei einer Bank gefunden. Dort arbeitet er nun erfolgreich.

Ich muss lachen. Mein Schulkollege kennt meine Adresse noch immer nicht genau. Die Hausnummer ist falsch, und die Postleitzahl auch.

In der Post finde ich keine wichtigen Dokumente. Rechnungen. Werbung. Ein Magazin, abonniert zwar, aber kaum gelesen. Keine Zeit dafür, oder keine Lust. Ich weiß es nicht.

Ich setze mich auf einen Stuhl am Küchentisch, verschränke meine Arme auf dem Tisch und lege meinen Kopf in die Arme. Dann versuche ich zu weinen. Aber es geht nicht. Ich kann nicht weinen, auch wenn mir zum Weinen zumute ist. Seit Jahren leide ich unter einer schweren Depression. Nur wenige Patienten mit schweren Depressionen können noch weinen. Auch mir gelingt es nur noch selten.

Weshalb soll ich weinen? Meine Freundin hat mich verlassen. Sie muss noch hier gewesen sein, um ihre Sachen abzuholen. Sie hat mir die Post auf den Küchentisch gelegt. Rechtwinklig zur Tischkante. Ich hatte gehofft, sie nach meiner Arbeit noch zu sehen. Doch damit war nun nichts. Sie war weg.

Im Flur steht noch das Foto neben der geschmacklosen Vase mit den künstlichen Blumen.

Meine Tränen fließen nicht. Ich kann nicht weinen. Meine Gefühle wollen mich zerreißen. Täglich kämpfe ich gegen meine Trauer, die mir meine Krankheit auferlegt. Und jetzt ist auch meine Freundin weg.

3
Wie alles begann

Viereinhalb Jahre früher: Ich fahre mit der Bahn zur Arbeit. Wie jeden Tag. Zusammen mit drei Kollegen sitze ich in einem Viererabteil. Zwischen unseren Füßen liegen unsere Regenschirme. Wasser läuft über den Boden, hin zu unseren Schuhen. Regentropfen rinnen über die Fensterscheiben. Der Fahrtwind drückt sie nach unten. Morgendämmerung. *Eine seltsame Stimmung,* denke ich.

Keiner meiner Kollegen weiß, dass ich heute eine Psychiaterin aufsuchen werde. Das ist mir recht so. Ich will nicht als „Psycho" gelten. Würden sie mich aus ihrer Gruppe ausschließen? Also spiele ich den Clown, reiße Witze. Die anderen lachen.

Bereits seit Jahren leide ich unter Depressionen. Diese verdammte Krankheit! Endlich konnte ich mir eingestehen: *Du bist krank.* Ich begebe mich in Therapie. Mein Leben macht für mich keinen Sinn. Am liebsten würde ich es auf der Stelle beenden. Nacht für Nacht leide ich unter Panikattacken. Liege schweißgebadet und verkrampft im Bett. Habe das Gefühl, wahnsinnig zu werden. Unerträglich hämmern die Gedanken auf mich ein. Immer dieselben, immer von Neuem. Ich will das beenden.

Heute gehe ich zu meiner ersten Therapiesitzung.

4
Praxis

Hier muss es sein. Ich klingle an der Tür. Auf dem Schild steht nur „Praxis". Kein Name. Keine Berufsbezeichnung. Ich komme etwas zu früh, also gerade richtig. Wahrscheinlich muss ich noch ein Formular ausfüllen, meine Krankenkasse angeben.

Ich erwarte einen Praxisempfang mit einer Arztsekretärin. Ein Wartezimmer. Doch zu meinem Erstaunen öffnet eine Dame in Straßenkleidung. „Ich bin die Psychiaterin", stellt sie sich vor. Ich solle doch Platz nehmen, weist sie mich an und verschwindet in einem Nebenzimmer.

Ich setze mich. Sehe mich um. Ein alter Holzstuhl steht in einer Ecke. Ein zweiter Stuhl für Patienten befindet sich mir gegenüber. Auf einem kleinen Tisch liegt ein Stapel Zeitschriften. Soll ich lesen? Ich sehe davon ab.

Ich fühle mich nicht besonders wohl hier. Was erwartet mich? Werde ich mich hinlegen und meine Ängste vortragen müssen, währenddem, neben mir, die Psychiaterin in einem schweren Sessel sitzt und sich Notizen macht?

Was wird die Psychiaterin fragen? Was soll ich erzählen? Ich kenne die Dame nicht und soll Intimstes preisgeben. Will ich das überhaupt? Niemand in meinem Verwandten-, Bekannten- und Freundeskreis weiß um meine Gefühle, und jetzt soll ich plötzlich offen darüber sprechen?

Die Türe zum Behandlungszimmer fliegt auf. Eine Person verlässt den Raum. Die Psychiaterin folgt ihr bis zum Ausgang. Ich bin der Nächste.

5
Im Therapiesessel

Nochmals schüttelt mir die Psychiaterin freundlich die Hand. Dann bittet sie mich ins Behandlungszimmer. Da steht tatsächlich eine Behandlungsliege, wie ich sie mir vorgestellt hatte. Auf der Liege ein Durcheinander von Akten, eine Handtasche, ein Mobiltelefon, Schlüssel. Da soll ich mich hinlegen?

In meiner Unruhe sehe ich nicht, dass sich in der Mitte des Behandlungszimmers zwei bequeme Sessel befinden, einander gegenübergestellt. Ich mache einen Schritt auf die Liege zu, zögere, will auf die Liege zeigen, als mich die Psychiaterin bittet, doch in der Mitte Platz zu nehmen. Ich setze mich. Der Sessel lädt zum Verweilen ein. Doch die Armlehnen kleben.

„Was bedrückt Sie?", fragt mich die Psychiaterin. Was soll ich antworten? Ich habe mir viele Gedanken zur heutigen Therapiesitzung gemacht. An diese einfache Frage habe ich nicht gedacht. Ich will etwas sagen, bringe aber keinen Ton heraus. Endlich nimmt sich jemand meiner an. Eine neue Erfahrung, die mich verunsichert.

Einige Minuten der Stille. Ich fühle meine feuchten Augen. Dann bringe ich aus mir heraus: „Ich fühle mich nutzlos."

Aber trifft denn das zu, was ich da sage? Irgendwie schon. Was mich am meisten bedrückt? „Mein Leben hat keinen Sinn", sprudelt es dann aus mir heraus, und in den nächsten Minuten rede ich, und rede und rede.

6

Mein Leben

Ich lebe ein Leben, das ich nicht leben will.
Ein Leben, um das ich nie gebeten habe.

Ein Leben, das mir nur Schmerz und Leid bereitet.
Ich lebe ein Leben, das mir wertlos erscheint.

Ein Leben, das keinen Sinn hat für mich.
Ein Leben, wie ich es nicht haben will.

Bin ich jemals gefragt worden, ob ich dieses Leben will?
Weshalb lebe ich ein Leben, das ich nicht leben will?

Lebe ich?

7
Der Tod

Was ist der Tod?
Wo ist der Tod?

Braucht man Angst zu haben vor dem Tod?

Ich halte den Tod für endgültig. Definitiv. Nichts wird mehr da sein. Nichts wird mehr sein. Ich glaube nicht, dass wir wahrnehmen, dass wir tot sind. Wenn wir tot sind, sind wir nicht mehr.

Wir werden weder ein Bewusstsein noch eine Empfindung mehr haben. Das Leben ist dann zu Ende, wenn der letzte Atem aus unseren Lungen entweicht. Dann hört alles auf, steht alles still.

Der Tod ist endgültig.

8
Die Diagnose

Die Diagnose steht fest: Ich leide an einer schweren Depression. Als erste Maßnahme: Gesprächstherapie. Später sollen dann Medikamente folgen.

Eine Depression ist eine Erkrankung, bei der die Gehirnchemie des Patienten aus dem Gleichgewicht gerät, lasse ich mir erklären. Der Blutspiegel der Botenstoffe Serotonin oder Noradrenalin oder beider Stoffe ist zu hoch oder zu niedrig. Oder die Synapsen, an denen die Botenstoffe aufgenommen werden sollten, funktionieren nicht mehr richtig.

Diese Erklärung leuchtet mir ein. Ein Stoff, der Empfindungen im Gehirn steuert, ist nicht im richtigen Maß vorhanden. Also tanzen meine Emotionen aus der Reihe.

Ich bin erleichtert, eine klare Diagnose zu haben. Eine, die einen klaren pathologischen Hintergrund hat. Einerseits kann ich nun benennen, was mir fehlt, was mich so schmerzt, Tag für Tag.
Und andererseits weiß ich jetzt auch, dass ich nicht einfach ein Spinner bin, anders als alle anderen, abnormal.

Der Befund tut mir gut, aber er vermag nicht die Symptome zu lindern, wie ich im Verlauf der weiteren Behandlung erfahren muss. Und so geschieht an einem Montag, was mein weiteres Leben komplett aus der Bahn wirft. Etwas, das meine Zukunft nachhaltig verändern wird.
Ich breche eine Therapiesitzung ab, mag nicht mehr sprechen. Gegen den Rat meiner Psychiaterin begebe ich mich auf den Weg nach Hause. Doch es geht mir schlecht. Sehr schlecht.

9
Erster Versuch

Im Schrank neben dem Eingang, auf dem obersten Talar, links in der Ecke, steht eine Spraydose mit schwarzer Farbe. Ich habe sie einmal gekauft, um etwas zu basteln. Habe einmal einen Farbklecks gesprayt, und seither steht die Dose im Schrank.

Herumsprayen, anschmieren: Das würde mir jetzt guttun. Oder Geschirr aus dem Regal nehmen, gegen die Wand schleudern, oder auf den Boden. Das wäre eine Erleichterung! Ein Trinkglas nehmen. Es mit voller Wucht in eine Fensterscheibe schmettern, sodass beide Gläser zerbersten würden. Ja, das gäbe mir jetzt einen Kick!

Nichts von alldem werde ich unternehmen, gestehe ich mir ein. Oder doch? Oh, wie viel Frust hat sich aufgestaut. Ich halte es nicht mehr aus. Und doch: Ich bin zu feige, um Geschirr auf den Boden, ein Glas in die Fensterscheibe zu werfen. Zu feige, um etwas anzusprayen.

Dann gehe ich in den Flur, zum Schrank beim Eingang, entnehme ihm die Spraydose. „3 Minuten schütteln", steht da. Ich schüttle die Dose mit einer Hand und verfolge den Sekundenzeiger meiner Uhr am anderen Handgelenk. *Drei Minuten können lange dauern*, denke ich. Dann schreite ich ins Wohnzimmer, steige auf das Sofa – und spraye nicht. Zu feige. Ich gehe in mein Zimmer, ergreife ein Foto auf meinem Nachttisch. Mit grünem Stift schreibe ich einen Liedtext auf die Rückseite des Fotos. Zuerst schreibe ich ganz vorsichtig, als wolle ich nichts falsch machen. Dann kritzle ich immer schneller einen Songtext von Pink Floyd auf das Papier:

Goodbye cruel world,
I'm leaving today.
Goodbye, goodbye, goodbye.

Goodbye, all you people,
There's nothing you can say
To make me change my mind.
Goodbye.

Der Text steht da. In grünen, schnörkeligen Buchstaben. Fast zufrieden betrachte ich mein Werk. Ich lese den Text ein paar Mal vor mich hin. Dann starte ich meinen Computer. Viel zu lange dauert das Hochfahren. Ich warte, öffne ein Textverarbeitungsprogramm und beginne zu schreiben:

„Schweren Herzens müssen wir Abschied nehmen von unserem geliebten …"

Dann schreibe ich in fetter Schrift meinen Namen. Darunter setze ich zwei Daten: meinen Geburtstag und den heutigen Tag. Und weiter formuliere ich auf meiner eignen Todesanzeige die Worte:

„Du hast den Kampf mit dem Leben aufgegeben. Mögest du dort, wo du jetzt bist, deinen Frieden finden."

Unter die letzte Zeile schreibe ich noch einige Namen von Personen, die meine Todesanzeige wohl aufgeben würden. Dann summt der Drucker, bewegt sich, stößt das geschriebene Dokument aus. Lange betrachte ich den Ausdruck. Ja, so soll sie lauten, meine Todesanzeige. Ich lege sie auf den Küchentisch.

Soll ich noch einen Abschiedsbrief verfassen? Mit welchem Inhalt? Und an wen? Nein. Da steht ja schon der Abschiedsgruß auf der Rückseite des Fotos. *Der muss reichen*, denke ich.

Nun ist es Zeit, zur Tat zu schreiten. Ich bin fest entschlossen. Heute ist ein guter Tag dazu. Ich will nicht mehr leben. Ich kann nicht mehr. Ich fühle keine Emotionen, keine Erregung. Keine Tränen. Keine Gedanken zu was, wann, wie, wo, warum. Nichts dergleichen. Ich gehe zum Bahnhof. Schreite auf das Geleise. Hier müsste in den nächsten paar Minuten ein Zug ankommen. Ich blicke nach links und nach rechts. Gerade so, als müsste ich sicherstellen, dass mich kein Zug überrollen würde. Grotesk! Dazu bin ich ja hier. Ich stehe zwischen den Schienen, auf der Spur der S-Bahn in Richtung Zürich-Hauptbahnhof. Ich mache ein paar Schritte, dem erwarteten Zug entgegen, setze jeweils einen Fuß zwischen zwei Schwellen.

Dann schaue ich auf. Menschen sehen mich an. Keiner ruft etwas. Keiner rührt sich. Aber alle schauen hin. Werden sie auch zusehen, wenn mich der Zug überrollt?

Ich stelle mir den Aufprall vor. Zwischen mir und dem entgegenkommenden Zug. Und dann plötzlich ein Gedanke: *Was, wenn mich der Zug nicht tötet? Sondern nur schwer verletzt? Was, wenn er mich für den Rest meines Lebens verkrüppelt?*

Der Gedanke reißt mich aus meinem tranceähnlichen Zustand. Ich zögere einen kurzen Moment – und springe mit einem Satz zurück auf den Bahnsteig. Ich wanke zu einer Treppe, sinke nieder und breche in Tränen aus. Nicht deswegen, weil ich mich eben noch von einem Zug überfahren lassen wollte. Nein. Deswegen, weil ich fühle, dass ich erneut versagt habe.

Ich habe die Kontrolle über mein Leben verloren. Und ebenso die Kontrolle darüber, meinem Leben ein Ende zu setzen, wenn ich es will. Ein schwerer Schlag für mich!

Minuten vergehen. Oder Stunden? Vielleicht auch nur ein paar Sekunden? Ich habe jedes Zeitgefühl verloren. Ich rufe meine Psychiaterin an: „Hallo, wollte mich eben umbringen, brauche Hilfe. Danke."

Die Zeit scheint stillzustehen. Ein Taxi soll kommen und mich abholen. Mich in eine Klinik bringen. Es kommt mir vor, als vergingen Tage. Bis ein Auto mit einem gelben Schild auf dem Dach auftaucht. Ich steige ein, weiß nicht, wohin die Fahrt gehen soll, murmle etwas von „Psychiatrischer Klinik". Doch der Fahrer scheint mich verstanden zu haben. Ich verharre auf dem Rücksitz in einer einzigen Position. Ich bewege nicht einmal einen Arm, bis ich wieder aussteige. Habe ich den Fahrer bezahlt?

Scheinbar zieht alles an mir vorüber. Ich bin nicht aktiv dabei. Was passiert, passiert einfach.

Ich werde erwartet, in ein Zimmer geführt. Freundliche Leute stellen mir Fragen über das, was vorgefallen ist. Ich mag nicht sprechen, gebe widerwillig Antwort. Ein Arzt will mich auf körperliche Verletzungen untersuchen. Er spritzt mir ein Beruhigungsmittel. Bei der anschließenden Blutentnahme wird mir übel. Dann ist das Aufnahmeprozedere vorbei. Ich erhalte etwas zu essen. Nehme einige wenige Bissen, den Rest lasse ich stehen. Ich fühle mich hundemüde. Wahrscheinlich das Beruhigungsmittel. So lege ich mich schlafen.

10
Geschlossene Abteilung

Am nächsten Morgen reißt mich ein Pfleger aus dem Schlaf. Ich konnte nicht ausschlafen und fühle mich wie gerädert. Der Pfleger verschwindet wieder aus meinem Zimmer, und ich schlafe sofort wieder ein.

Erneut werde ich vom Pfleger geweckt, diesmal energischer. Mühsam stehe ich auf, ziehe meine Kleider an, die ich schon gestern getragen habe. Ich fühle mich schmutzig, benötige frische Kleider.

Doch nun will ich meine neue Umgebung erkunden. Am Vorabend habe ich nichts wahrgenommen: Ich befinde mich auf der Abteilung 4B, der geschlossenen Abteilung der Klinik. Mein Zimmer gleicht einem Spitalzimmer. Neben dem Bett steht ein Tisch mit auffällig abgerundeten Kanten. Am Kopfende des Bettes befindet sich ein Fenster, das sich nicht öffnen lässt. Aha: Hier bin ich nun eingesperrt. Zu meinem Besten.

Verunsichert öffne ich die Zimmertüre. Ich blicke in einen Flur mit weiteren Zimmern. Eine Zimmertüre steht weit offen. Licht. Mit meinen Klinik-Hausschuhen schlurfe ich den Flur entlang. Am Ende öffnet er sich nach rechts. Ich erinnere mich schwach: Hier muss der Speisesaal sein. Hier erhielt ich gestern noch mein Essen.

Im Speisesaal sitzen Personen, die – sichtlich deprimiert – ihr Frühstück einnehmen. Die Tische sind mit strahlend weißen Tüchern belegt. Ein Buffet lädt zum Schlemmen ein. Doch ich verspüre keinen Hunger. Ich esse ein Brötchen, um die Übelkeit, die meine Medikamente verursachen, zu unterdrücken. Schlucke ich Pillen auf den leeren Magen, wird mir schlecht.

11
Eine Bekanntschaft

Ein halbes Jahr lang pendle ich zwischen der psychiatrischen Klinik und meinem Arbeitsplatz hin und her. Am Morgen fahre ich zur Arbeit, am Abend zurück in die Klinik. Jeden Morgen besteige ich den Bus, um in die Innenstadt zu fahren.

Da gibt es diese junge Frau. Hübsch und blond. Immer in eine auffallend gelbe Daunenjacke gekleidet. Sie steigt an der gleichen Haltestelle aus dem Bus wie ich. Dann verschwindet sie.

An diesem Morgen erlebe ich alles irgendwie anders. Die Frau erscheint mir in einem neuen Licht, als wäre sie noch nie mit mir im gleichen Bus gefahren. Sie sticht aus den anderen Fahrgästen heraus. Ich nehme meinen Mut zusammen, rücke etwas näher an sie heran, ziehe, auf Lässigkeit bedacht, meine Kopfhörer aus den Ohrmuscheln, wickele deren Kabel um den MP3-Player und stecke alles in die Tasche. Dann lausche ich dem Gespräch, das die Frau in Gelb mit ihrer Sitznachbarin führt. Gelächter. Ein einzelner, eingeworfener Kommentar, erneut Gelächter. Dann ein Moment der Stille, meine Gelegenheit: „Hallo", spreche ich die Frau an, um dann gleich weiterzufahren, ohne sie antworten zu lassen: „Ich habe gerade euer Gespräch mitbekommen." Etwas erstaunt, aber scheinbar nicht abgeneigt, schaut mich die Frau an und antwortet mit einem Lächeln, das mir den Atem stocken lässt.

Was ich weiter von mir gebe, ergibt kaum einen Sinn. Aber das spielt auch gar keine Rolle: Ich habe die Aufmerksamkeit einer Frau gewonnen und deren Bekanntschaft gemacht.

12
Neugeboren

Ich fühle: Die Bus-Bekanntschaft hat mich nachhaltig beflügelt. Seit meiner Hospitalisation in der psychiatrischen Klinik quält mich jeden Tag die gleiche Frage: Wozu lebe ich? Welchen Sinn ergibt mein Leben? Mit der Bekanntschaft im Bus habe ich plötzlich eine Antwort auf meine Fragen gefunden. Eine Antwort, einfach und komplex zugleich: Ich möchte diese Frau für mich gewinnen. Sie glücklich machen. Dann kann ich selber glücklich werden. Davon bin ich überzeugt. Auf einmal sehe ich alles klar, strukturiert und hoffnungsvoll. Jetzt weiß ich, was ich will. Jetzt weiß ich, was mir hilft.

Von diesem Tag an kann ich es kaum noch erwarten, in den Bus zu steigen. Schaffte ich es bisher am Morgen kaum aufzustehen, mussten mich bisher die Pfleger regelmäßig aus dem Bett zerren, springe ich jetzt mit einem Satz aus den Federn, dusche, kleide mich an, frühstücke – alles im Eiltempo. Ich darf den Bus nicht verpassen. Ich muss die Frau in Gelb sehen. Das ist nun mein Lebensinhalt, der Sinn in meinem Leben.

13
Aus der Traum

Meine Freundin geht heute Abend aus. In irgendeinen Klub, vorher noch etwas trinken mit einem Kollegen. Ich gehe nicht mit, bin nicht in Stimmung. Nicht das erste Mal.

Eifersucht? Ob ich eifersüchtig sein soll? Dazu sehe ich keinen Grund. Ich vertraue meiner Freundin voll und ganz. Auch ich selber treffe mich hin und wieder mit einer Kollegin zum Kaffee.

Sie zieht los. Ich sitze am Computer. Ich entwickle ein Computerprogramm, ein Bildbearbeitungs-Tool. Später sehe ich fern, trinke ein Bier. Dann gehe ich zu Bett. Aber ich fühle mich schlecht. Unwohl, unruhig. Habe ich zu viel getrunken? Ein einziges Bier habe ich noch immer gut vertragen, trotz der Medikamente.

Medikamente? Habe ich sie am Morgen alle eingenommen? Ich überlege lange, nein, ich habe sie nicht vergessen. Es ist nun kurz vor Mitternacht, ich falle in einen unruhigen Schlaf. Immer wieder wache ich auf. Die Zeit zieht sich dahin. Zwei Uhr, drei Uhr morgens. *Meine Freundin wird wohl ihren Spaß haben,* denke ich, drehe mich auf die andere Seite und versuche erneut einzuschlafen.

Fünf Uhr: Wo bleibt meine Freundin? Ich mache mir Sorgen. Ist ihr etwas zugestoßen? Ich wälze mich von einer Seite auf die andere, kann nicht mehr einschlafen, schwitze.

Draußen fährt die erste Straßenbahn. Es ist Sonntagmorgen. Wo bleibt sie? Mir wird schlecht.

Wenig später zucke ich zusammen: Da steckt jemand den Schlüssel ins Schloss der Wohnungstüre. Sie ist da! Ich fühle mich sofort besser. Döse vor mich hin. Ich möchte meine Freundin in die Arme schließen, sobald sie ins Bett kommt.

Sie kommt, dreht sich aber von mir weg. „Was ist los?", frage ich. Sie will nicht recht antworten. „Nichts", murmelt sie und vergräbt ihr Gesicht im Kopfkissen. „Wie, nichts?", hake ich nach. Da dreht sich meine Freundin plötzlich um, schaut mich an, und ich merke sofort, dass etwas nicht stimmt. „Ich liebe dich nicht mehr", sagt sie tonlos. „Ich mag dich, wie man einen Bruder mag, aber ich liebe dich nicht mehr."

Was sagt sie da?

„Ich liebe jetzt einen anderen", fährt meine Freundin fort, „und ich habe ihn geküsst."

Beide sind wir still. Schweigen. Ich weiß nicht, wie lange wir ausharren. Sekunden? Minuten? Stunden?

Sonntagmorgen, nach fünf Uhr. Der Traum ist aus.

14
Wie weiter?

In den folgenden Tagen geht das Leben weiter. Ohne mich. Ich stehe neben mir und funktioniere, wie ich eben funktionieren muss. Ein paarmal treffe ich meine Mutter zum Kaffee. Still sitzen wir da. Wortlose Treffen.

Was niemand zu verstehen scheint: dass für mich eine Welt zusammengebrochen ist. Dass für mich mehr passiert ist, als dass nur eine Freundin Schluss gemacht hat. Dass mehr passiert ist, als was mir anzusehen ist.

Als ich vor fünf Jahren in der psychiatrischen Klinik nach „Warum?" und „Wozu?" gesucht habe, trat eine Freundin in mein Leben. Sie gab mir einen Lebensgrund, einen Lebenssinn. Jetzt ist sie weg, und mit ihr mein Lebensgrund, mein Lebenssinn.

Meine Freundin zeigte mir den Weg aus der Klinik. Sie schenkte mir Glücksmomente in meiner Krankheit. Nun ist alles weg. Was nun?

15
Es geht nicht mehr weiter

Ich fühle mich wie gelähmt vor Schmerz. Meine Kehle ist bis oben zugeschnürt. Ich möchte weinen, wenn es nur ginge! Der Schmerz zerreißt mich, mir fehlt jede Kraft. Die Kraft zu gehen, zu sitzen, zu liegen. Ich fühle mich so, als würde ich dem Wahnsinn verfallen. Es geht nicht mehr weiter.

Was soll ich tun? Mich umbringen? *Das ist keine Lösung,* rede ich mir ein. Wohl wissend, dass ich mir selber nicht glaube. Ich werde ein Medikament schlucken, das mich ruhigstellt. Danach bin ich betäubt, wenigstens für ein paar Stunden. Dann spüre ich nichts. Keinen Schmerz; angenehm betäubt. Aber ich kenne den Morgen danach: Ich werde todmüde erwachen, nicht in der Lage, ohne Torkeln das Bett zu verlassen. Noch schlimmer wird es, wenn ich Alkohol konsumiere.

Warum soll ich das tun? Warum nicht? Was kann ich verlieren? Ein Medikamenten- und Alkoholmix könnte gefährlich sein? Na und? Wenn schon! Im besten Fall könnte ich sterben, und das käme mir gerade recht.

Doch was jetzt, wie überstehe ich den Augenblick? Ich bin nicht in der Lage, einen klaren Gedanken zu fassen. Der Schmerz hat mich fest im Griff. Später werde ich ein Medikament schlucken, nicht jetzt. Wieso nicht jetzt? Es geht nicht. Mir fehlt sogar die Kraft, ein Medikament zu schlucken. Ich kann nur noch dasitzen. Vor mich hinstarren, den hämmernden Gedanken folgen, die sich längst verselbstständigt haben.

Gelähmt, apathisch, leblos, starr vor Schmerz. Ich spüre einen dicken Kloß im Hals. Ich habe keine Kraft, etwas zu trinken. Meine Augen werden feucht. Kann ich jetzt weinen? Nein, es geht noch immer nicht. Immer schlimmer hämmert es in meinem Kopf: Ich möchte schreien, und lasse es bleiben.

Soll ich in ein Auto steigen und gegen einen Baum fahren? Der Wunsch wäre da, aber ich schaffe es wohl nicht. Würde ich in diesem Augenblick am Steuer eines Wagens sitzen, der auf einen Baum zufährt – dann würde ich es zweifellos schaffen. Aber ich besitze kein Auto. Ich müsste zuerst eines mieten, mich dann hineinsetzen, losfahren, einen geeigneten Baum suchen, Anlauf nehmen. Anlauf nehmen, um mich zu töten. Ich unternehme nichts. Ich bin zu träge. Ich wiederhole das Gedankenspiel. Wenigstens lässt das Hämmern in meinem Kopf etwas nach. Ich kann mich nun besser konzentrieren: auf die Autofahrt, auf den Baum.

Und wenn ich mir eine Infusion in meinen Arm stecken könnte? Eine Giftspritze zur Hand? Ich müsste nur die Spritze betätigen. Das wäre alles. Ich würde es tun. Zweifellos.

Was soll ich bloß tun? In die Straßenbahn steigen und den ganzen Kurs abfahren? Einfach, um etwas zu tun, das den unerträglichen Augenblick verändert. Ich fühle mich leblos, habe keine Kraft.

Schließlich kaufe ich im Internet ein. Onlineshopping. Nicht, weil ich etwas bräuchte. Nicht, weil mir dies Freude bereitete. Nur, um etwas zu tun, das mich ablenkt, auf andere Gedanken bringt. Und dann ist der Kaufrausch auch schon wieder verflogen.

Ich lade eine Website, immer wieder von Neuem. Torpediere den Reload-Button. Meine Gedanken hämmern wieder. Ich muss etwas tun.

Ich werde etwas essen. Nicht, weil ich schon lange nichts mehr gegessen habe, nicht weil ich Hunger hätte. Sondern nur, um irgendetwas zu tun. Ich öffne den Kühlschrank, er ist leer. Ich greife nach der Streuwürze auf dem Küchentisch, streue die Würze auf meine Handfläche und lecke sie auf. Schmeckt ekelhaft! Doch ich tue etwas.

Meine Not wird immer größer. Was soll ich tun, was nur? Ich gehe ins Wohnzimmer, zurück in die Küche, ins Schlafzimmer, wieder ins Wohnzimmer, und wieder in die Küche. Ich muss etwas tun, sonst zerreißt mich der Schmerz. Ich könnte die Wohnung aufräumen. Nein. Ich könnte musizieren. Nein. Ich könnte waschen, putzen, abstauben. Nein. Spazieren gehen, einkaufen. Nein, nein, nein! Ich kann nicht. Ich bin blockiert. Ich muss etwas tun und kann es nicht. Ich beginne, mit den Fingern zu schnippen. Doch etwas einkaufen? Nein. Jemanden anrufen? Wen? Niemand ist verfügbar an einem Montagmorgen um neun Uhr.

Ich gehe ins Bad, halte meinen Kopf unter den Wasserhahn. Doch das verstärkt nur das Hämmern in meinem Kopf. Was soll ich tun, was, was, was?

Jetzt bin ich so weit: Ich kann eine Tablette schlucken. Mit zittrigen Fingern öffne ich die Medikamentenschachtel. Wie ein Süchtiger stecke ich mir eine Tablette in den Mund. Wenn das Medikament nur schon wirken würde. Doch das wird noch 15 Minuten dauern. Dann trinke ich jetzt halt noch Alkohol. Ich werde so lange trinken, bis ich entweder die Wirkung des Medikamentes oder des Alkohols spüren kann.

Und so trinke ich und trinke, und ich spüre nicht mehr, welche Wirkung zuerst eintritt: die Wirkung des Medikamentes oder die Wirkung des Alkohols. Irgendwann falle ich ins Bett.

16
Panik

Mitunter befallen mich Panikattacken. Heute sind solche Attacken aufgetreten. Dabei hatte der Tag ganz normal begonnen.

Ich gehe ins Büro, checke meine Mails, hole Kaffee und beginne mit der Arbeit. Da taucht mein Vorgesetzter auf, wutentbrannt: Ich habe versehentlich einen Beitrag aus dem Internet auf Briefpapier der Firma anstatt auf neutrales weißes Papier ausgedruckt. Beim Druckbefehl offenbar den falschen Schacht gewählt. Das kann halt passieren. Doch mein Chef brüllt mich an. Ich lasse es über mich ergehen. Mein Chef kann mir nichts anhaben. Er brüllt nur meinen Körper an. Meine Seele ist gefroren.

Kurze Zeit später: Im Radio ertönt ein Lied, das mir nahegeht. Oft habe ich es zusammen mit meiner Freundin gehört. Ich muss weinen. Ausgerechnet jetzt, am Arbeitsplatz.

Ich schlage meine Hände vor mein Gesicht und weine. Peinlich, weinen im Büro!

Ob das jemand mitgekriegt hat? „Wohl bei eBay eine Auktion verloren", spottet jemand hinter meinem Rücken. Alle haben sie mein Weinen mitgekriegt! Ich möchte auf der Stelle im Boden versinken. Doch ich sitze da und weine. Lasse eben auch noch dumme Sprüche über mich ergehen.

Später komme ich völlig kaputt zu Hause an. Ich fühle mich physisch und psychisch kaputt. Jetzt möchte ich weinen. Aber es geht nicht mehr. Ich kann nicht mehr.

Ich setze mich auf den Boden, in den Türrahmen. Dann überfällt mich die Panikattacke. Wie ein Erdbeben erfasst sie mich. Ich beginne zu schwitzen. Schweiß tropft mir von der Stirn. Ich glaube meinen Gleichgewichtssinn zu verlieren. Fühle, als ob ich kopfstehen würde. Mir wird übel. Meine Gedanken rasen, hämmern; abwechslungsweise. Ich zittere am ganzen Körper, verliere jede Empfindung für Zeit und Raum. Ich glaube zu schweben, dann wieder zu fallen. Ich muss mich konzentrieren, damit ich mich nicht auf der Stelle übergebe. Angst steigt in mir auf, packt mich und lässt mich nicht mehr los. Angst vor der Welt, vor dem Universum, vor dem Dasein, vor dem Leben, vor dem Tod. Angst, immer schlimmer, dann Panik. Ich versuche aufzustehen, aber ich bin so verkrampft, dass ich meine Bewegungen nicht kontrollieren kann. Ich falle zur Seite. Ich liege da. Tränen strömen aus meinen Augen, obwohl ich nicht weinen kann. Ich schreie, wenn auch nur innerlich, wie am Spieß, als würde mir jemand etwas antun. Ich habe Angst davor, zu atmen. Ich habe Angst vor dem Türrahmen, Angst vor mir selber. Panik. Panik! Ich sehe Farben, höre ungeheuerlichen Lärm, zittere am ganzen Körper, weiß nicht, wie mir geschieht.

Nach einer Weile habe ich die Kraft aufzustehen. Ich krieche, stolpere, renne ins Bad, hin zur WC-Schüssel, und übergebe mich. Dann lässt die Angst langsam nach. Auch die Anspannung weicht nach und nach.

Ich schleppe mich ins Bett. Das Bad kann ich morgen reinigen. Ich lege mich hin, schnaufe, keuche, starre gebannt zur Decke, warte darauf, dass sich meine Sinne wieder beruhigen. Ich schalte den Fernseher ein. Nicht weil ich fernsehen möchte. Sondern nur, damit etwas da ist, an dem sich meine Seele festhalten kann. Irgendwann schlafe ich ein.

17

Zurück in die Klinik

Ein paar Wochen später bricht mir das Dach über dem Kopf zusammen. Schwierigkeiten in der beruflichen Fortbildung, der immer noch quälende Verlust meiner Freundin und das Chaos in meiner Wohnung lassen es so weit kommen. Ich rufe meine Psychiaterin an: „Ich muss zurück in die Klinik, sonst tue ich mir etwas an!"

Kurze Zeit später sitze ich wieder im Besprechungszimmer des Sanatoriums. Ein junger freundlicher Arzt und ein Pfleger sitzen mir gegenüber. Mein Vater, ebenfalls dazugestoßen, hat neben mir Platz genommen.

Man testet meine psychische Verfassung:

„Wissen Sie, wo Sie hier sind?"
„Wissen Sie, weshalb Sie hier sind?"
„Kennen Sie das heutige Datum?"

Ich bejahe die Fragen und nenne das heutige Datum. Ich beantworte weitere Fragen und kann mir nicht vorstellen, dass jemand diese Fragen nicht beantworten könnte.

„Sind Sie damit einverstanden, dass Sie hier sind?"

Ich bejahe erneut. Ich bejahe Fragen, bevor sie fertig gestellt worden sind. Sie interessieren mich nicht. Ich möchte allein sein. Allein in einem Zimmer, einem Zimmer, das nun für vier Monate mein Zuhause sein sollte. Etwas Blut wird mir abgenommen, dann wirken die Medikamente.

Was ich in den folgenden Wochen und Monaten in der Klinik erleben würde, welche Tests ich erdulden müsste und welche Personen ich hier treffen würde, ahnte ich damals noch nicht voraus.

Ich möchte jetzt schlafen. Noch einmal werde ich aus meinem zunehmenden Dämmerzustand gerissen. Man braucht noch meine Unterschrift. Für die Versicherung.

„Wo muss ich unterschreiben?"
„Hier, bitte!"
Ich unterschreibe, ohne zu lesen. Ab diesem Zeitpunkt lässt meine Erinnerung nach. Später muss ich wohl eingeschlafen sein.

18
Am Tag danach

Am nächsten Morgen muss ich mich zuerst einmal zurechtfinden. Ich betrachte mein Zimmer: Ein Fernseher steht da, ein Kühlschrank, ein Safe. Ein Badezimmer. Bin ich in einem Hotel untergebracht worden? Oder doch in einer Klinik? Ich fühle mich noch nicht ganz wach. Sicher wirken die Medikamente von gestern noch nach.

Da klopft es an der Tür. Bevor ich etwas antworten kann, tritt eine Pflegerin ins Zimmer. Sie begrüßt mich mit einem überschwänglichen, in singendem Ton vorgetragenen „Guten Morgen!".

Wieso spricht die Pflegerin in der dritten Person von sich? In einer psychiatrischen Klinik sind wohl alle etwas bescheuert … Bevor ich mich versehe, ist die Pflegerin auch schon wieder verschwunden.

Ich reibe mir die Augen, versuche, klar zu denken. Dann ziehe ich mich vorsichtig an, immer noch verlangsamt durch die Medikamente. Verlangsamt durch die „Benzos", wie Psychiatriepatienten Tranquilizer liebevoll nennen. „Benzodiazepine": eine unaussprechliche Bezeichnung. „Benzodiaze…, Benzidiazo…, Benziod…, Benziodiazepine!", murmle ich vor mich hin.

Inzwischen habe ich meine Kleider von gestern wieder angezogen. Habe ich noch andere? Ah doch, da liegen ja welche in der Tasche, die ich gestern noch in aller Eile gepackt hatte. Doch das interessiert mich jetzt nicht. Heute will ich keine neuen Kleider anziehen. Heute nicht.

Dann tappe ich in den Speisesaal. Ich kenne den Weg ja noch vom letzten Aufenthalt. Wie ein Greis fühle ich mich für die wenigen Schritte, die ich zurücklegen muss. Ich bin froh, im Speisesaal wieder absitzen zu können. Ich lasse mich auf einen Stuhl fallen und sehe mich um: Vierzehn Gesichter – später habe ich sie gezählt – starren mich an. „Guten Morgen", brummle ich in die Runde. Ein verwaschenes „Guten Morgen!" echot zurück. Dann beugen sich die anderen Patienten wieder über ihre Teller.

Ich begebe mich zum Morgenbuffet, wie ein Kind, das zum ersten Mal eine Strecke ohne Mutter zurücklegen muss. Ich greife nach einer Schüssel, greife daneben, greife nochmals zu und halte schließlich eine Frühstücksschüssel in der Hand. Ich starre in die Schüssel, bevor ich einen Löffel Müesli um den anderen schöpfe. „Sie mögen wohl das Müesli?", ruft ein Pfleger, und da merke ich, dass meine Schüssel beinahe überläuft. Ich drehe mich um, kollidiere mit einer anderen Patientin, die ebenfalls leicht benommen um das Buffet strauchelt, und schlurfe dann zurück an meinen Platz. Den Kaffee habe ich vergessen.

Mit dem Frühstück erwachen meine Lebensgeister. Ich betrachte die anderen Patienten. Alle schmollen sie über ihren Tellern und Schüsseln. Nur eine Dame lächelt mich an, was mich verunsichert. Wer wollte schon in einer psychiatrischen Klinik lächeln? Doch ich lächle etwas gequält zurück.

Zeit, die anderen Patienten kennenzulernen, würde mir in den kommenden Tagen ausreichend zur Verfügung stehen. Deshalb senke ich meinen Kopf wieder über mein Frühstücksmüsli.

19
Die Pflegerin

Ich nenne die Pflegerin „Inkompetenzia". Heute wollte sie einem Patienten, der mit Valium ruhiggestellt werden muss, mein Ritalin verabreichen. Doch mein Mitpatient hat die Verwechslung glücklicherweise rechtzeitig bemerkt.

Ich unterziehe mich nun einer Infusionstherapie. Antidepressiva werden mir intravenös zugeführt. Schwester Inkompetenzia hat mir einen Zugang zur Vene gelegt, oder es wenigstens versucht. Nach dem dritten Versuch habe ich mich geweigert, gleichentags nochmals von Inkompetenzia gestochen zu werden. Eine andere Pflegerin setzt die Nadel an, und die sitzt auf Anhieb. Mir ist speiübel. Was nun, wenn ich mich mit dem Infusionsschlauch in der Vene übergeben muss?

Ich versuche mich etwas aufzurichten, ohne meinen Arm zu bewegen. Ich läute der Pflegerin, die kommt und bemerkt, dass sie einen falschen Infusionsbeutel angehängt hat.

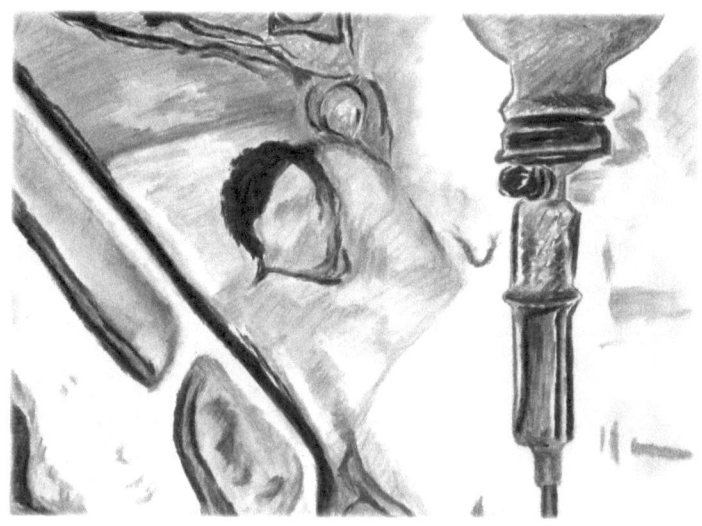

Am folgenden Tag sticht Inkompetenzia wieder zu. Die Lösung fließt nicht in die Vene, sondern daneben. Die Tortur wiederholt sich noch tagelang, bis ich mich schließlich erfolgreich weigere, mich weiterhin von Schwester Inkompetenzia behandeln zu lassen.

Meine Arme sehen bereits aus wie die Arme eines Heroinsüchtigen. Meine Unterarme sind gefühllos geworden. Ich bin täglich drei bis vier Stunden ans Bett gefesselt, darf mich in dieser Zeit nicht bewegen.

Tage später schickt mich Schwester Inkompetenzia zu einem externen Arzttermin in die Stadt. Mein Patientenstatus ließe einen Ausgang in die Stadt nicht zu, was Inkompetenzia ignoriert. In der Arztpraxis in der Stadt angekommen, will niemand etwas von einem Untersuchungstermin wissen. Also kehre ich in die Klinik zurück. Dort macht mich ein Pfleger darauf aufmerksam, dass ich nicht alleine in die Stadt hätte fahren dürfen. Am folgenden Tag schickt Inkompetenzia einen Patienten, dessen Name mit dem gleichen Buchstaben beginnt wie meiner, zum gleichen Arzt in die Stadt. Es stellt sich heraus, dass sein Termin eben doch für mich bestimmt gewesen wäre. Für Schwester Inkompetenzia bleibt dies alles ohne Folgen.

Doch da gibt es noch eine andere Pflegerin. Sie ist jung und hübsch. Ich habe mich wohl etwas in sie verliebt. Nach einem Gespräch auf der Terrasse der Pflegeabteilung verflüchtigt sich aber der Anflug von Verliebtheit gleich wieder. Ich würde zu schnell denken, meint sie; sie könne meinen Gedankengängen nicht folgen. Einige Wochen später versuche ich, ihr die Regeln des Mastermind-Spiels beizubringen, erfolglos. Immerhin spricht sie nicht von sich in der dritten Person.

20
Ausgang à la clinique

Ausgang! Wir gehen zusammen essen. Zu dritt. Ich bin der jüngste, ein zweiter Patient ist wohl zehn Jahre, die dritte Mitpatientin wohl zwanzig Jahre älter. Ein seltsames Gespann! Darauf angesprochen, mag niemand antworten. Was sollten wir auch erklären? Wir seien drei gute Freunde, mehr wollen wir nicht sagen.

Drei Menschen im Ausgang, verschiedenster Herkunft, verschiedenster Ansichten und Wertvorstellungen. Nur die Krankheit verbindet uns. Auf dem Rückweg in die Klinik würden wir eine Station früher aus dem Bus steigen, um von den anderen Fahrgästen nicht als Psychiatriepatienten erkannt zu werden. Aber vorher genießen wir ein Essen in einem Restaurant. Wir bestellen Riesencordonbleus. Nicht, weil wir Appetit darauf hätten. Sondern nur, um ein Stück Normalität in unser Leben zu holen. Dazu trinken wir ein, zwei Biere. Das wäre im Psychiatrie-Ausgang verboten. In der Klinik könnten uns die Pfleger einem Alkoholtest unterziehen. In diesem Moment spielt dies keine Rolle. Nur einen Augenblick lang so leben, als wären wir gesund! Wir bestellen Dessert. Der Kellner fragt, ob ich der Sohn der beiden Mitpatienten sei. Wir sehen uns an und antworten nicht.

Nachdem wir bezahlt haben, begeben wir uns zur Bushaltestelle. Dort warten andere Patienten, die ebenfalls ausgehen durften. Keiner will den anderen kennen, keiner will mit einem Psychiatriepatienten in Verbindung gebracht werden.

21
Lachs-Carpaccio

In der Klinikküche sind stets die Menüs der verschiedenen Krankenkassenklassen ausgeschrieben. Eine Provokation! Währenddem den Privatpatienten ein Lachs-Carpaccio serviert wird, muss sich die Allgemeine Abteilung mit einem Toast Hawaii in Selbstbedienung begnügen. „Die Menu-Kreationen der Privaten Abteilung orientieren sich am Standard gehobener Hotels", erklärt mir ein Pfleger. Eben: Lachs-Carpaccio.

Heute Abend erhalten wir ein Randen-Carpaccio zur Vorspeise. Als Hauptgang folgt ein Rindsfilet mit Morchelsoße, dazu Polenta, garniert mit Schwarzwurzeln. Das Dessert verspricht ein „Zwetschgen-Jalousie". Ich stelle mir vor, wie Zwetschgen durch heruntergelassene Jalousien gepresst und zu Kompott verarbeitet werden, um dann als „Zwetschgen-Jalousie" zu gefallen, und stochere lustlos in meinen Schwarzwurzeln herum. Kann ich mein Menu der Allgemeinen Abteilung abtreten? Ich hätte lieber einen Toast Hawaii oder Spaghetti.

Nichts da. Was serviert wird, wird gegessen. Wer einer Mahlzeit fernbleibt, wird zu einem Gespräch aufgeboten, bei welchem er die Beweggründe seiner Abstinenz erklären muss.

Hunger kennt hier keiner. Kein Wunder: Wir sitzen und liegen ja nur herum. Selbst in der „Bewegungstherapie" können auch die ältesten Semester noch mithalten. Für echten Sport bestehen Wartelisten.

Was hingegen jeder kennt: Langweile. Statt nur dazusitzen oder dazuliegen, beginnen einige Patienten zu rauchen oder eben zu essen. Wahllos und lustlos, einfach als Beschäftigung. Wer in der Klinik abnimmt, darf für sich in Anspruch nehmen, eine Immunität gegen den Klinikalltag entwickelt zu haben. Alle anderen nehmen an Gewicht zu. Dazu tragen allerdings auch die Medikamente bei.

Als Jugendlicher war ich spindeldürr und wurde deswegen in der Schule gehänselt. Seit ich als Psychiatriepatient Medikamente einnehme – seit nunmehr sechs Jahren –, habe ich 36 Kilogramm zugenommen. Heute leide ich unter Übergewicht. Doch wenn das nur die einzige Krankheitsfolge wäre!

Antidepressiva führen auch zu Müdigkeit, Kopfschmerzen, einer schwachen Potenz und einer deutlichen Libidoabnahme. Zudem zittere ich mit jedem Körperteil während 24 Stunden am Tag. Ständig verschütte ich Kaffee und andere Getränke. Reis oder Erbsen kann ich kaum essen. Alles fällt stets von der Gabel.

Meine Fahrprüfung habe ich erfolgreich überstanden: Der Experte deutete mein Zittern als unkontrollierbare Prüfungsangst, sodass er mich aus purem Mitleid bestehen ließ.

Die Antidepressiva enthalten in der Regel nicht Packungsbeilagen, sondern ganze Packungsbroschüren. Die Beschreibung von Risiken und Nebenwirkungen lässt einem den Atem stocken.

Dennoch: Ohne Medikamente wäre das Leben für uns Depressive noch unerträglicher. So mixen wir halt Antidepressiva mit Lachs-Carpaccio.

22

Unbeschwerte Momente

Zu dritt sitzen wir im Aufenthaltsraum der Klinik. „Frust-Shopping" ist angesagt. Online bestellen wir drei Netbooks in die Klink. Wir lachen über die Vorstellung, wie das Personal staunen würde, wenn drei Netbooks auf die Station geliefert würden. Unbeschwerte Momente. Ein Gefühl der Verbrüderung. Geeint durch unsere Krankheit.

Im gleichen Aufenthaltsraum, gleich nebenan, nimmt der „Dessert-Mann" mit zwei Besucherinnen Platz. Sie tischen ihm drei Torten auf, die sie mitgebracht haben. Der Dessert-Mann, wie wir ihn nennen, isst nur Dessert. Alle anderen Speisen verschmäht er. Und wir lachen darüber. Und wir lachen darüber, dass der Dessert-Mann einen fremdländischen Namen trägt, den er selber nicht aussprechen kann.

23
Rein damit

Kurz nach dem Frühstück, zwischen dem Morgenspaziergang und dem Therapiebeginn, schlendert die ganze Patientenschaft zum Stationsbüro, wo die Medikamente ausgegeben werden. Jeder grüßt artig das Pflegepersonal und streckt seine Hand aus, um die ihm zugedachten Medikamente aus dem Medikamentenschieber zu empfangen. Ein Becher Wasser hilft, alles hinunterzuspülen. Eine Tablette mehr oder weniger, was soll's?

Selbstverständlich gibt das Pflegepersonal gerne darüber Auskunft, was wozu eingenommen werden soll. Man könnte Substanzen wegdiskutieren, die man nicht einnehmen möchte. Doch dazu hat niemand Lust. Jede Medikation haben die Ärzte mit dem Patienten abgesprochen. Niemand wird gezwungen, etwas einzunehmen, was er nicht einnehmen will. Doch niemand überblickt, welche Tablette er zu welchem Zweck schluckt. Jeder schluckt, was er erhält. Rein damit!

24
Besucher

Es gibt Tage, da erscheinen Besucher, um sich den Klinikbetrieb anzusehen. Kein Scherz, nein. Wer nicht als Notfall eingeliefert wird, sondern den Klinikaufenthalt im Voraus abspricht, erhält die Möglichkeit, sich vorher hier umzusehen. So kommen Familien mit Hund und Geschwistern, um zu erkunden, wo die magersüchtige Tochter dereinst behandelt werden soll. Die zukünftige Patientin möchte ein Zimmer sehen, und mein Zimmer sei eben das erste Zimmer im Flur. Natürlich willige ich ein, was habe ich schon zu verbergen? Das Reinigungspersonal tritt ja auch jeden Tag in mein Zimmer, ohne anzuklopfen. Humor ist gefragt, gerade in solchen Situationen.

Wir Patienten schließen Wetten ab, welches Familienmitglied wohl eingewiesen werde soll. In vielen Fällen ist dies nicht ohne Weiteres klar. Doch die Wetten werden wir kaum je einlösen können. Denn die wenigsten Patienten werden Besucher noch als Mitpatienten erleben. Für einen regulären Eintritt bestehen Wartefristen von vielen Monaten. Psychiatrische Kliniken in der Schweiz sind überfüllt. Natürlich muss der Staat sparen. Psychiatrieplätze werden eher abgebaut als aufgestockt.

Auffallend ist die Verteilung psychiatrischer Kliniken in der Schweiz: Einige katholische Kantone verfügen nicht über solche Kliniken. Denn mindestens früher war sich dort die Bevölkerung einig, dass nur Protestanten psychisch erkranken könnten …

Martin Luther war der erste Geistliche, der einen Suizidtoten kirchlich beerdigt hat.

25
Alter Hase

Alle Menschen sind gleich. Heißt es. Doch auch in einer psychiatrischen Klinik sind einzelne Menschen gleicher als andere. Das Leid des einen ist hier für die anderen zwar gut nachvollziehbar. Trotzdem stellt sich in der Klinik eine Rangordnung ein. *Zum Glück sind wir nach der Schwere des Schadens sortiert,* denke ich. Wir auf der Abteilung von Depressiven, Alkohol- und Drogenkranken haben nichts zu tun mit anderen „Spinnern": Die „Akutfälle", wie sie heißen, leben auf einer anderen Etage, vollständig getrennt von uns. Und wir sind froh darüber. Froh, nicht zu den ganz Verrückten zu gehören, froh, Szenen nicht mitzuerleben, die sich auf der anderen Etage täglich abspielen.

Damit aber noch nicht genug, was die Rangordnung anbelangt: Mit zunehmender Aufenthaltsdauer und mit jedem neuen Klinikaufenthalt steigt das Ansehen des Patienten. Auch die Anzahl der Tabletten steigert das Prestige. Und so gehöre ich allmählich zu den alten Hasen: schon zwei Mal hospitalisiert, beim ersten Mal sieben Monate lang.

Zudem benötige ich zehn Tabletten pro Tag. Stolz darauf bin ich natürlich nicht. Aber die verunsicherten Patienten erhalten einen Maßstab für die Ausprägung ihrer Krankheit.

Die Sitzordnung im Speisesaal der Klinik spiegelt die beschriebene Rangordnung.

Abends, nach dem Essen, wenn sich ein Anflug von Gemütlichkeit einstellt, wenn alle satt und froh sind, dass andere mitleiden, werden Neulinge einvernommen. Zwar sind diese Neulinge in der Regel nicht gesprächstauglich, weil sie unter starken Beruhigungsmitteln stehen, die sie beim Eintritt in die Klinik erhalten haben. Aber das kümmert uns nicht. Jeder kennt ja das Eintrittsdelirium.

„Zum ersten Mal in der Klink?", fragt der ranghöchste Patient den Neuling, und alle warten gespannt auf die Antwort.

Allein der Grund, weshalb jemand in die Klinik eingetreten oder eingewiesen worden ist, interessiert nicht. Oder wird nur unter vier Augen erfragt. Ich empfinde dies als Respekt vor den Mitpatienten. Denn alle hier gelangten an einen Punkt in ihrem Leben, an dem es nicht mehr weiterging. Nicht wenige versuchten, sich aus dem Leben zu verabschieden; andere haben dies immerhin geplant.

Kein Patient bleibt unberührt, wenn die Ambulanz mit Blaulicht und Sirene vor die Klinik fährt. Das heißt fast immer, dass gerade wieder ein Mensch um ein Haar aus dem Leben geschieden wäre. Vier bis fünf Mal pro Tag fährt die Ambulanz vor. Vier bis fünf Mal am Tag liefert die Ambulanz einen neuen Patienten ein. Vier bis fünf Menschen, die in ihrem Leben keinen Ausweg mehr gefunden haben. Jeden Tag.

26
Die lieben Verwandten

Die ältere Generation meiner Verwandten bekundete die größte Mühe, mit meiner Klinikeinweisung umzugehen. „Du bist doch gar nicht irre!", war noch eine eher belustigende Feststellung.

Nach meiner ersten Hospitalisierung durfte die eine Hälfte meiner Großeltern monatelang nicht erfahren, dass ich in einer psychiatrischen Klinik weile. Als ich diesen Großeltern später darlegte, dass auch Persönlichkeiten wie Johann Wolfgang von Goethe, Abraham Lincoln, Winston Churchill oder etwa Ingmar Bergman psychisch erkrankten, wurde mir brieflich versichert, dass solches doch eher undenkbar sei.

Viele Aussagen von Verwandten haben mich tief verletzt. Als ich aus dem Leben scheiden wollte, erhielt ich den bagatellisierenden Hinweis, es sei doch in jungen Jahren fast jedem einmal in den Sinn gekommen, von einer Brücke zu springen, nur um andere zu ärgern.

Zu meinem 18. Geburtstag erhielt ich von meinen Großeltern ein großes Geldgeschenk. Ich wollte ablehnen. Meine Großeltern deponierten das Geldgeschenk bei meinen Eltern in der Meinung, dass ich nach meiner Genesung zur Besinnung kommen würde.

Wer ein Geldgeschenk ablehnt, muss verrückt sein.

27

Maschine Mensch

Meine gescheiterte Infusionstherapie, das unablässige Austesten verschiedener Medikamente und weitere Behandlungsversuche orientieren sich am Bild des Menschen als Maschine. Erschöpft sich das Leben in einem Zusammenspiel von chemischen und biologischen Vorgängen? Kann jede Krankheit geheilt werden, wenn nur die richtige Medikation zur Verfügung steht? Ich zweifle immer mehr daran.

Natürlich will ich an medizinische Therapien glauben. Glauben schafft Hoffnung.

Täglich fließt ein Medikamentencocktail durch meine Adern. Mit enormen Nebenwirkungen, die ich schon beschrieben habe: Übelkeit, Schwindel, Gewichtszunahme, Libidoverlust, Mundtrockenheit und weitere Beschwerden. Warum nehme ich diese Tortur auf mich? Weshalb hoffe ich immer noch auf Heilung meiner Krankheit? Warum ist meine Hoffnung noch am Leben?

Hoffen oder bangen: Das macht gar keinen Unterschied! Ich bin eine Maschine, an der die Ärzte experimentieren, ob ich wieder ein-wandfrei funktionieren kann.

Evolutionsmäßig bin ich eine Laune der Natur, ohne Hilfe nicht überlebensfähig. Eine Fehlleistung der Natur. Deshalb gibt es für mich keinen Platz in dieser Welt. Die Gesellschaft trägt mich nur aus ethischen Gründen mit. Eigentlich müsste meine Abart aussterben. Ausgenommen, ich wäre tatsächlich nur eine Maschine, die es zu reparieren gilt.

28

Ein Hoffnungsschimmer

Während einer medizinischen Abklärung meines Herzens fällt der Kardiologin auf, dass mein Krankheitsbild mit all seinen Ungereimtheiten auf eine hormonelle Störung hindeuten könnte. Würde dies zutreffen, wäre meine psychische Verfassung nur ein Symptom einer behandelbaren somatischen Erkrankung. Zum ersten Mal seit Jahren schöpfe ich neue Hoffnung. Ich sehe ein Licht am Ende des Tunnels! Die ärztliche Leitung der psychiatrischen Klinik steht dem Befund der externen Kardiologin sehr skeptisch gegenüber; sie erwecke eine falsche Hoffnung in mir. Doch diesen Einwand will ich nicht hören. Ich recherchiere im Internet, flehe die Klinik an, mich einem Hormonspezialisten zu überweisen. Erst auf Intervention meiner früheren Psychiaterin hin darf ich einen Experten aufsuchen.

Erneut wird getestet, Blut und Urin untersucht, abgeklärt und vermutet. Die Hoffnung stirbt zuletzt.

29
Alles nützt nichts

Alles Hoffen war umsonst. Da steh ich nun, ich armer Tor. Alle hormonellen Untersuchungen blieben ergebnislos. Jede Hoffnung ist verflogen. Es gibt keine Lösung. Es nützt alles nichts.

Was jetzt? Wie sieht meine Zukunft aus? Wie geht es weiter? Geht es überhaupt weiter?

Fragen über Fragen bedrängen mich. Ich sitze da und weine. Meine Hoffnung war so groß.

30
„Goodbye cruel world"

Wieder zu Hause. Ich stelle das Wasserglas auf den Küchentisch, nehme die Ansichtskarte des Schulkollegen zur Hand, betrachte lange das Motiv. Tausende Gedanken schießen mir durch den Kopf. Ein Gedanke wiederholt sich unablässig: Es ist Zeit für einen neuen Versuch.

Langsam schreite ich ins Wohnzimmer. Dort nehme ich einen Rahmen mit einem Foto aus dem Bücheregal. Das Foto zeigt mich mit einer Sonnenbrille. Mit zittrigen Händen versuche ich, den Rahmen zu öffnen. Der Schnappmechanismus öffnet sich, ich ziehe das Foto mit zwei Fingern aus dem Rahmen. Mit offenem Verschluss stelle ich den leeren Rahmen zurück ins Bücherregal, zurück an seinen Stammplatz.

Ich schaue mich um, suche ein Schreibzeug. Da liegt ein pinkfarbener Stift. Meine Freundin liebte Pink. Sie hätte sich die ganze Welt in Pink vorstellen können.

Ich drehe mein Foto um, lege es auf den Tisch. Auf die Rückseite schreibe ich genau die gleichen Zeilen, die ich einst an die Wohnzimmerwand sprayen wollte:

Goodbye cruel world,
I'm leaving today.
Goodbye, goodbye, goodbye.

Goodbye, all you people,
There's nothing you can say
To make me change my mind.
Goodbye.

Das Foto liegt auf dem Küchentisch. Ich starte meinen Computer, suche die Todesanzeige, die ich vor Jahren entworfen hatte. Ich suche nicht lange, finde die Datei auf Anhieb. Doppelklick. Print. O. k.

Ich warte und nicke mit dem Kopf, bis der Drucker die ganze Seite ausgespuckt hat, gerade so, als wollte ich sagen: „Gut gemacht!" Dann lege ich den Ausdruck zum Foto auf den Küchentisch.

Ich schließe die Türe auf. Diejenigen Personen, die meinen leblosen Körper finden werden, sollen nicht erst die Türe aufbrechen müssen.

Diesmal will ich ganz sichergehen. Alkohol und Medikamente. Meine Organe sollen endgültig versagen.

Sorgfältig drücke ich alle meine Medikamente aus ihren Verpackungen. Da liegen sie auf dem Küchentisch. Ich staune, wie viele Tabletten zusammengekommen sind, und fülle mein halb leeres Wasserglas nochmals auf. Ich zögere kurz – weshalb?

Zehn Tabletten auf einmal schlucke ich mit Wasser hinunter. Nachdem das Wasserglas leer ist, fülle ich es mit Alkohol. Genauer: mit Wodka. Randvoll. Mit polnischem Wodka. Den mag ich lieber als russischen. Doch habe ich mir das Tablettenschlucken weniger beschwerlich vorgestellt. Selbst mit Wodka muss ich die Tabletten hinunterwürgen. Hie und da rebelliert meine Kehle so stark, dass ich meine, mich übergeben zu müssen.

Bald ist es geschafft; bald sind alle Tabletten weg.

Ich öffne den Geschirrschrank, entnehme ihm fünf weitere Gläser. Den Schrank schließe ich nicht mehr. Sechs Gläser stehen nun auf dem Küchentisch. Ich fülle sie alle bis zum Rand mit Wodka, öffne dazu eine weitere Flasche. Dann setze ich an und trinke. Und trinke.
    Das Trinken fällt mir immer leichter. Nochmals vier Gläser füllen. Ausgetrunken. Zwei Flaschen Wodka müssen reichen.

31
Verloren und gewonnen

Ich lege mich auf mein Bett. Soll ich die Decke über mich ziehen? Ich lasse es bleiben. Ich fühle ohnehin keine Wärme und auch keine Kälte. Alles dreht sich vor meinen Augen. Ich denke an das, was mir jetzt wichtig erscheint: Die Wohnungstüre ist nicht abgeschlossen. Das Foto mit meinen Abschiedszeilen liegt auf dem Küchentisch. Daneben, gut sichtbar, der Entwurf meiner Todesanzeige.

„Du hast deinen Kampf mit dem Leben aufgegeben", flüstere ich mir selber zu. Ich schließe die Augen und wiederhole: „Du hast deinen Kampf mit dem Leben aufgegeben." Noch einmal lasse ich den ganzen Schmerz in mir aufsteigen, gebe ihm die Chance, mich zu beherrschen. Eine Träne fließt aus meinem rechten Auge, rollt über die Wange und tropft auf das Kissen. Es würde meine letzte Träne sein. Dann öffne ich nochmals die Augen, nur einen Spaltbreit, um einen letzten Blick auf den Schatten des Fensterrahmens an der Decke zu werfen.

Ich schließe die Augen und werde sie nicht mehr öffnen. In mir dreht sich alles. Immer schneller. Ich bin total betrunken. Trotzdem kann ich noch klare Gedanken fassen. Ein seltsamer Moment.

Ich horche, ob ich ein Geräusch aus dem Flur vernehmen kann. Jetzt soll mich niemand finden; jetzt soll mich niemand retten. Aber ich höre nichts. Stille herrscht.

Ich lächle. Ich habe verloren und trotzdem gewonnen! Ich habe den Kampf mit dem Leben verloren. Doch in diesem Moment triumphiere ich über die ganze Welt. Ich triumphiere über jeden, den ich in meinem Leben getroffen habe. Ich triumphiere über mein Leben. Endlich habe ich gewonnen. Ich allein habe den Entschluss gefasst, meinem Leben ein Ende zu setzen. Ich habe die Kontrolle erlangt über mein Leben. Endlich. Jetzt herrsche ich; jetzt bestimme ich. Ich habe alles verloren und alles gewonnen. Die Balance ist wieder hergestellt. Dieses Mal würde es klappen. Dieses Mal kommen alle anderen zu spät. Das ist meine Stunde.

Ich spüre meinen Atem. Ich spüre, wie er meine Lunge verlässt. Und ich spüre noch, wie mir die Kraft fehlt, nochmals einzuatmen.

Ich schlafe ein.

Vergebt mir.

Suizidgedanken?
Schwierigkeiten?
Niemanden zum Reden?

Telefonseelsorgen sind für Sie da, am Telefon, online per Mail und Chat, und teilweise auch vor Ort.

Deutschland:
Telefon (kostenlos)
0800/111 0 111
0800/111 0 222
116 123

Chat oder Mail
https://www.telefonseelsorge.de

Österreich:
Telefon (kostenlos)
142

Chat oder Mail
http://www.telefonseelsorge.at

Schweiz:
Telefon (kostenlos)
143
147 (Speziell für Jugendliche)

Chat oder per Mail
https://www.143.ch
https://www.147.ch
http://www.reden-kann-retten.ch

Bewerten Sie dieses Buch auf unserer Homepage!

www.novumverlag.com

Der Autor

Xaver T. wurde 1985 in Zürich (Schweiz) geboren.
Nach einem Bachelor-Studium in Multimedia Arts ist er heute, soweit gesundheitlich möglich, in der Informatikbranche als Systems Administrator sowie in der Lehrlingsbetreuung tätig. Er lebt, ledig und kinderlos, in seinem Heimatland in Uster.
Zu seinen Lieblingsaktivitäten zählen Lesen, Fotografieren, Musik und Informatik. Als besondere Fähigkeit erachtet er seine Fertigkeit, komplexe Zusammenhänge verständlich zu machen.
Seinen schriftstellerischen Werdegang begründen zahlreiche Fachpublikationen.
Nach eigenen Aussagen war er schon als Kind fasziniert von Elektronik und Technik. Als junger Erwachsener erwarb er den Pilotenschein. An seinem Studium in Multimedia Arts schätzt er die Kombination von Kreativem und Technik.
Xaver T. leidet an einer depressiven Erkrankung; wiederholten Rückschlägen und krankheitsbedingten Einschränkungen versucht er zu trotzen.

Der Verlag

> *Wer aufhört
> besser zu werden,
> hat aufgehört
> gut zu sein!*

Basierend auf diesem Motto ist es dem novum Verlag ein Anliegen neue Manuskripte aufzuspüren, zu veröffentlichen und deren Autoren langfristig zu fördern. Mittlerweile gilt der 1997 gegründete und mehrfach prämierte Verlag als Spezialist für Neuautoren in Deutschland, Österreich und der Schweiz.

Für jedes neue Manuskript wird innerhalb weniger Wochen eine kostenfreie, unverbindliche Lektorats-Prüfung erstellt.

Weitere Informationen zum Verlag und seinen Büchern finden Sie im Internet unter:

www.novumverlag.com